了不起的中国

—— 传统文化卷 ——

中国汉字

派糖童书 编绘

化学工业出版社

·北京·

图书在版编目(CIP)数据

中国汉字/派糖童书编绘.—北京:化学工业出版社,2023.10
(了不起的中国.传统文化卷)
ISBN 978-7-122-43899-7

Ⅰ. ①中… Ⅱ.①派… Ⅲ.①汉字-儿童读物
Ⅳ.①H12-49

中国国家版本馆CIP数据核字(2023)第137005号

了不起的中国
—— 传统文化卷 ——
中国汉字

责任编辑:刘晓婷　　　　　　　　　　　　　责任校对:王　静

出版发行:化学工业出版社(北京市东城区青年湖南街13号　邮政编码100011)
印　　装:北京尚唐印刷包装有限公司
787mm×1092mm　1/16　印张5　2024年1月北京第1版第1次印刷

购书咨询:010-64518888　　　售后服务:010-64518899
网　　址:http://www.cip.com.cn
凡购买本书,如有缺损质量问题,本社销售中心负责调换。

定　　价:35.00元　　　　　　　　　　　　版权所有　违者必究

前　言

几千年前，世界诞生了四大文明古国，它们分别是古埃及、古印度、古巴比伦和中国。如今，其他三大文明都在历史长河中消亡，只有中华文明延续了下来。

究竟是怎样的国家，文化基因能延续五千年而没有中断？这五千年的悠久历史又给我们留下了什么？中华文化又是凭借什么走向世界的？"了不起的中国"系列图书会给你答案。

"了不起的中国"系列集结二十本分册，分为两辑出版：第一辑为"传统文化卷"，包括神话传说、姓名由来、中国汉字、礼仪之邦、诸子百家、灿烂文学、妙趣成语、二十四节气、传统节日、书画艺术、传统服饰、中华美食，共计十二本；第二辑为"古代科技卷"，包括丝绸之路、四大发明、中医中药、农耕水利、天文地理、古典建筑、算术几何、美器美物，共计八本。

这二十本分册体系完整——

从遥远的上古神话开始，讲述天地初创的神奇、英雄不屈的精神，在小读者心中建立起文明最初的底稿；当名姓标记血统、文字记录历史、礼仪规范行为之后，底稿上清晰的线条逐渐显露，那是一幅肌理细腻、规模宏大的巨作；诸子百家百花盛放，文学敷以亮色，成语点缀趣味，二十四节气联结自然的深邃，传统节日成为中国人年复一年的习惯，中华文明的巨幅画卷呈现梦幻般的色彩；

书画艺术的一笔一画调养身心，传统服饰的一丝一缕修正气质，中华美食的一饮一馔（zhuàn）滋养肉体……

在人文智慧绘就的画卷上，科学智慧绽放奇花。要知道，我国的科学技术水平在漫长的历史时期里一直走在世界前列，这是每个中国孩子可堪引以为傲的事实。陆上丝绸之路和海上丝绸之路，如源源不断的活水为亚、欧、非三大洲注入了活力，那是推动整个人类进步的路途；四大发明带来的文化普及、技术进步和地域开发的影响广泛性直至全球；中医中药、农耕水利的成就是现代人仍能承享的福祉；天文地理、算术几何领域的研究成果发展到如今已成为学术共识；古典建筑和器物之美是凝固的匠心和传世精华……

中华文明上下五千年，这套"了不起的中国"如此这般把五千年文明的来龙去脉轻声细语讲述清楚，让孩子明白：自豪有根，才不会自大；骄傲有源，才不会傲慢。当孩子向其他国家的人们介绍自己祖国的文化时——孩子们的时代更当是万国融会交流的时代——可见那样自信，那样踏实，那样句句确凿，让中国之美可以如诗般传诵到世界各地。

现在让我们翻开书，一起跨越时光，体会中国的"了不起"。

目 录

导 言

文字是一条河流，它流经时间和空间，留下又带走人类的记忆。在这些记忆里，有事件，有智慧，有思想，有情感，还有美好的文学。如果没有文字，我们心中的世界都不复存在。

我们平时所学所写的这种字，要求横平竖直、间架稳定，要注意写得工工整整，这就是被称为"方块字"的汉字。

汉字是一种象形文字，是当今世界极罕见的，仍在广泛使用的象形文字。你总会在汉字中看见某些事物的影子：比如"人"在直立，有两条腿；比如"羊"有两只尖角；比如"木"，有枝、有干、有根，等等。这些事物投影出的汉字充满生命，越看越鲜活。

汉字中有许许多多悬案等着我们破解。比如"我"本义是一种兵器，北京故宫青铜器馆里就能看到青铜的"我"，"我"作为第一人称代词是从何时开始的呢？又比如"蛇"是一种爬行动物，为何长着"虫"字旁，又与"它"有什么关系？汉字就那样不言不语地站在你面前，可它们背后却有着漫长的故事。

汉字这么多，光日常高频出现的就有3500个，怎样记住它们呢？当然，如果知道它们的来龙去脉就好记多了。

我们学习汉字一定不要死记硬背，请把它们当成久违的老友，与它们聊聊，仔细看看它们，也许你会发现它们有趣的来处哦！

结绳记事

汉字从哪里来

若要探究汉字的起源，恐怕得从原始社会文明诞生的时候说起。

让我们的目光越过四千年，回到中华民族的始祖——炎帝、黄帝的时代。那时候是没有文字的，最早的人类使用"结绳记事"，就是拿一根绳子，每做一件事就在上面打一个结。如果事情少，而且打结的人记忆力好，每个结是什么含义自然有人说得出来，但随着人口越来越多，事情也越来越多，很多事用结绳来记录，便说不清了。汉字便在此时应运而生。

关于汉字的起源有很多传说，"仓颉（jié）造字"是其中流传最广的一个，除此以外还有"黄帝造字说""大禹造字说"，等等。

仓颉造字

仓颉，原姓侯冈，名颉，长着四目重瞳。相传他在黄帝手下当官，黄帝派他专门管理圈里牲口的数目、仓里食物的多少。牲口和食物越来越多，光凭在绳子上打结已经记不住了，仓颉整日整夜地想办法。这天他参加打猎的时候，忽然看见了鸟兽的脚印，他想到，万事万物都有自己的特征，如果能抓住事物的特征，画出图像，大家都能认识，这不就解决问题了吗？

象形文字的诞生

从此，仓颉就开始注意观察各种事物的特征，如日、月、星、云、山、河、湖、海等，用简单的线条"画"出了这些事物的样子。譬如，日字是一个圆圈中间一个点儿；月字是一个月牙儿中间一个点儿；星星是好多个小圆圈，中间各点个点儿；水没有具体形态，就画成河流的样子；山崖下的石块儿方方正正的，勾一个山

象形文字

崖的轮廓，再添个方形，就是石……这些便是最古老的象形文字。

仓颉把他造的这些象形字呈给黄帝，黄帝非常高兴，立即召集各部落首领，让仓颉把这些字传授给他们。于是，这些象形文字便开始得到应用。

文字为什么叫"文字"

《说文解字序》中记载："仓颉之初作书，盖依类象形，故谓之文。其后形声相益，即谓之字。"即最早的象形字被称为"文"，有线条交错形成图案的意思，而后期演变发展的形声字等叫作"字"，合起来就是"文字"。

线条交错谓之「文」

仓颉作书

☺ 汉字的发展

渐渐地，光是象形文字已经不能满足人们的需要，人们又发明了指事字、会意字、形声字等。

多数指事字是在象形字上加符号。比如"刃"字，是在"刀"字上加一个"丶"，表示刀刃的意思。

会意字是由两个或几个独体字组成的，它的意思就是这几个汉字意思的组合。比如"明"字，是"日"字加上"月"字，意思是日月齐照，大放光明。

形声字是由"形旁"（也叫"意符"）和"声旁"（也叫"声符"）构成的。比如"材"字："木"是形旁，表示这个字和"木"有关；"才"是声旁，表示这个字的读音。

☺ 仓颉的创造力

仓颉不是部落里最能干活的，也不是最早会记事的，那时的人们早就用结绳、堆石等方式来记事了。那为什么仓颉的名字能流传下来，并在后世传播过程中给他披上了神性外衣呢？因为仓颉是个聪明人，是最会想办法的人。鲁迅先生说"仓颉"不是一个人，这个在刀柄上刻一点儿图，那个在门户上画一些画，史官收集一下，便成了文字了。据鲁迅先生分析，仓颉就是收集这些民间图形的史官的代表。可见，一个人想不出办法，就集思广益，将有限的个人智慧扩大成无限的更多人的智慧，这就是个聪明人。所以小朋友也要多听别人的意见，学会求助，才能更好地进步。

更多的造字传说

正是因为文字的创造很可能不是一个人的功劳，所以除了流传广泛的"仓颉造字说"，不少古籍中还记载了大量其他的造字传说。

沮诵造字说

不少古籍中记载："黄帝命仓颉为左史，沮诵为右史。""有沮诵、仓颉者，始作书契，以代结绳。"这就说明，跟仓颉一起造字的，至少还有个名叫"沮诵"的人，他也是黄帝的臣子，奉命和仓颉共同创造了文字。

如果造字是一项政府主导的文化工程，那么至少应该有一个小组来实行才是。沮诵与仓颉共同造字说也许就是这么回事吧。

文字研究组

伏羲八卦说

伏羲（xī）是古代传说中最早的神之一，位列三皇，是中华民族的人文始祖。在传说中，伏羲神的属性大于人的属性，在人类刚刚诞生的时候，他就在经营和治理这个世界了。伏羲非常有智慧，他通过观察天上的日月星辰、四面八方的山河土地，领悟了自然的道理，还用一种符号描述了下来，这就是八卦。很多人认为，画八卦就是文字的开始。

图画说

也有很多学者认为，汉字真正起源于画画。

这种画可不是复杂的油画、工笔画，而是简笔画。比如"天"，就是人的头顶上有一片广大的区域，原始人就画个人，上面画块方形，也有画成圆形的。后来方形和圆形都简化成一横，就是"天"字。比如"月"，一个月牙儿弯弯的，每个小朋友都会画，这就是最早的"月"字。图画向复杂、艺术演变的，成为绘画创作；向简单、应用演变的，就形成文字了。

天	甲骨文	金文	篆文	隶书
天				天

月	甲骨文	金文	篆文	隶书
月				月

◉ 河图洛书说

河图与洛书是中国古代流传下来的两幅神秘图案，被后人称为"无字天书"，它们神秘又深奥，被视为中华文明之源，也被人认为是易学的源头。《尚书·顾命》中有："伏羲王天下，龙马出河，遂则其文以画八卦。"《易·系辞上》说："河出图，洛出书，圣人则之。"这里的河专指黄河，洛则指洛水。伏羲在黄河和洛水边上，看到了龙马负河图、神龟负洛书，这两种神奇动物给伏羲带来了"河图""洛书"两份天书。据此，伏羲演算出了八卦，进而创造了文字。

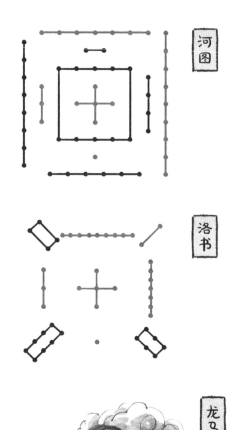

河图

洛书

龙马负河图

最古老的文字

甲骨文是一种年纪非常大的文字，大概有 3400 岁了，最早在河南安阳市小屯村殷墟（Yīnxū）被发掘出土，是我国最珍贵的文化瑰（guī）宝之一。殷墟是商朝中后期的都城，所以商朝也叫殷商。殷商的历史太过久远，关于它的结论还是通过甲骨文得出的。

之所以叫甲骨文，是因为这些文字都是刻在乌龟的腹甲、背甲上，或者牛的大片肩胛骨上的。甲骨文虽然古老，但直到清朝末期才走入人们的视野。

甲骨文发现的故事

在清朝光绪年间，有个叫王懿（yì）荣的人，是当时最高学府国子监的祭（jì）酒，相当于现在的大学校长。他很有学问，又是一位书法家，对古董也很了解。他在一味中药"龙骨"上发现了人工契刻的有规律的符号，猜想这很可能是古老的文字，便派人将中药铺里的"龙骨"统统买回来，将这些"符号"抄写留存。王懿荣断定这些兽骨上刻的是一种早期文字，并推测是商代的。这是甲骨文第一次得到正式鉴定。可惜的是，八国联军入侵北京城后，王懿荣服毒殉（xùn）难，他对甲骨文的研究也就此终结了。

🌀 故事中的古怪

龙骨作为一种中药材，极重视产地，为什么会从殷墟中出土药材呢？有人猜想，可能是当地人为了赚钱，以甲骨冒充了药材龙骨。

既然要冒充，人们就需要毁掉上面看起来像符号的东西，再有就是龙骨入药是要磨成粉的，所以王懿荣得到一块有字龙骨的可能性很小，从药材中发现甲骨文的故事很可能也是后人杜撰的。王懿荣是一位金石学家，后人推测他是专门从古董贩子手中收集购买了这些甲骨用于研究的，这种可能性比较大。

一片甲骨惊世界

🌀 刘鹗与孙诒让

王懿荣殉难后，他的儿子将甲骨卖给了刘鹗。刘鹗是清末小说家、教育家，喜欢收集古画、金石等。得到甲骨后，刘鹗潜心研究，整理了甲骨上的卜辞，编写出《铁云藏龟》一书。后来，这本书成为研究甲骨的代表作，对其他学者产生了深远影响。

《铁云藏龟》成书的第二年，晚清经学大师、教育家孙诒（yí）让写就《契文举例》一书，是甲骨文考证解释的开山之作。

人吞商史

◎ 甲骨文的失落与遗憾

在中国，龙骨被认为有镇惊安神，治疗失眠、痰逆等功效，是一味重要的中药材。人们认为出土的动物骨、齿、角就是龙骨。因为可以入药，所以在殷墟甲骨大量出土以后，不少当地人将它们卖给药铺换钱花。超过十万片珍贵的甲骨以六文钱（大约相当于现在一元二角）一斤的身价进了药铺，珍贵的商代史料被磨成粉，和其他药材一起被人吃掉，造成了历史上不可挽回的损失——"人吞商史"。入药的龙骨中还有很多的古生物化石，这也造成古生物研究在中国历史上几近空白的后果。

王襄研究甲骨文

王襄的努力

与王懿荣同时期还有一个文人叫王襄（xiāng）。王襄也在当时购买了许多甲骨，他将甲骨精心地保存下来，还进行了大量的研究，并形成了理论。他了解到甲骨出土于河南安阳小屯村，据此判断为殷墟文物。

王襄虽然贫穷，但在后来的日子中始终保护着这批甲骨，不管身处怎样的困境都没有将甲骨换钱花，使得这批甲骨即使历经战火也得以保存下来。

甲骨文的解读与流传

目前出土的甲骨大约有 15 万片，绝大多数是破碎的。其中 5 万片是经过科学考古发掘的，其余均为私挖、掘盗所得。专家学者们对它们进行了大量研究，整理出了 4500 多个字，其中已经识别的有 1500 个字。这些甲骨文刷新了人们对汉字的理解，使人们重新认识了汉字的起源，改正了许多汉字研究的错漏，为许多汉字找到了它们最初的样子。同时，甲骨文记载了商代生活的许多方面，人们从这些文字中得以窥见 3000 年前的世界，了解到商朝的政治、军事、习俗、天文、历法、医药等情况。

甲骨残片

🌀 甲骨文的内容

商代的人特别敬重神明，但凡做点儿什么事，或心中有点儿疑惑，就要占卜问问神明的意思。占卜仪式上，巫师用点燃的木头烤、钻甲骨，使甲骨因为不均匀受热而开裂。甲骨开裂呈现出的无规则纹路，则被巫师视为神意的启示并进行解读。占卜仪式结束后，巫师把解读出的结果刻在甲骨上，所以，甲骨文又叫"卜辞文字"。

🌀 卜辞

甲骨受热开裂，便会形成"卜"字状裂纹，可想而知，"卜"字便由此而来。

卜辞包括前辞、问辞、占辞、验辞等。前辞就像日记的开头，记下干支日期、谁问卜的；问辞就是问了神明什么事，比如啥时候下雨啊，现在出去打猎行不行，等等；占辞就是商王看看这个占卜结果，表个态；验辞就是记录一下事后是否灵验。

比如有片甲骨文上记着："……（王）大令众人曰：'协田，其受年？'十一月。……受年？"

这片甲骨不完整，不过可以推测这是商王在卜问收成，他对子民（也有说是奴隶）说："努力种田，会丰收吗？"十一月是占卜的月份，"协"是农具。

这种商王作为占卜者的卜辞叫"王卜辞"。甲骨文中还有一部分是非王卜辞，可能是其他贵族占卜的记录。

巫师占卜

甲骨文的意义

甲骨文的出土，将我国有文献记录的历史提前到距今3000年以前，许多商代考古成果都是随着甲骨文的发现而得到的。甲骨文和古埃及的圣书文字、古巴比伦的楔形文字以及古玛雅文字并称为世界四大古文字，并且甲骨文是流传至今的唯一的文字系统。可以说，甲骨文的发现改写了中国乃至世界文明史。与世界上其他许多文字体系不同：甲骨文不是表音文字，所以人们也许不知道甲骨文念什么；但甲骨文是完整的表意文字，各个不同地域的人都能迅速接受它。所以，甲骨文体系使中华文明历经3000多年没有中断。

甲骨文与教学

甲骨文结构稳定、字形美观，人们可以看到甲骨文已经具有普遍的对称形态和艺术感。所以，甲骨文并不是原始粗糙的象形符号，而是形成体系的、成熟的文字系统。比如一篇刻在牛骨上的文字，正反两面刻了同样几行字，其中大多数都歪歪斜斜，只有一行特别规整清秀，显然是老师的示范作品。看来，这位老师正在教学生写字呢。

同时期的书写载体

商朝的人只在甲骨上刻字吗？当然不是。之所以称为甲骨文，是因为在占卜仪式上使用并记录卜辞的是甲骨，而同时期，还有其他的书写载体已经被人们熟练运用。

商朝的青铜器制造业十分发达，许多大型的青铜器上都能发现文字，这种文字叫"金文"。

同时，陶器、石器、玉器上都发现过墨书或朱书的文字。另外，已知大约70片甲骨上，发现的文字并不是刻上去的，而是写上去的，说明商代已经出现了笔。

甲骨习字

字体的演化

如果从成熟的甲骨文算起，汉字已历经3400多年的发展演变。按时间顺序简单概括，甲骨文和金文最早，之后是小篆（zhuàn）及简化的隶书、草书，楷书和行书的形成相对较晚。"甲金篆隶草楷行"七种字体被称为"汉字七体"。不过，它们的这种排序并不是谁把谁替换掉，出现新的字体后人们就不用之前的了；而是缓慢地过渡，并行地演变，逐渐地简化，才形成了今天我们惯用的规范汉字。

 ## 金文

前面说过，金文是刻在青铜器上的，可不是刻在金子上的，青铜在古时候就叫金。

距今5000多年前，中国人就已经在铸造青铜器了。夏代遗址中，青铜制品有鼎、铃、刀、戈、爵、鱼钩等十几种；到了商代，青铜制造业更加繁荣，在重要的祭祀仪式上，会应用到大量的青铜器。商早期出土的青铜文物上，就有少量的文字，一两个字的国名、族名等；商晚期时，大量的金文出现。所以，简单地说金文晚于甲骨文也是不准确的。

金文相比于甲骨文，有的

字会更加象形，更容易分辨是什么意思。比如"家"字，一个房盖儿，下面有个豕（shǐ），豕就是猪。甲骨文的豕是线条，而有些金文字形就真的画了一头胖猪。

目前被发现的金文约有3000个字，被文字专家解读出来的有2000多个。

青铜器以钟、鼎为代表，体积大，制作精美，所以，金文也被称为"钟鼎文"。

金文的「家」

◎ 石鼓文

唐朝时，有人在陕西陈仓山附近找到了十块大石，上窄下宽，像鼓一样，上面刻着整整齐齐、非常复杂的汉字，既没有年代标记，也没有作者姓名，加上经历了风吹雨打，石鼓上的文字有一半已经磨没了。这十件珍贵的古物立即引发了人们的兴趣，褚遂良、欧阳询、杜甫、韩愈等很多大文人都争先恐后地研究它的内容，最后确定每一面石鼓上都刻着一首诗，诗的内容是记述秦国国君游猎的情景，因此又被称为"猎碣（jié）文"。

据金石学家考证，石鼓刻文的时间是在公元前374年的秦献公时代，字体是介于金文和小篆中间的大篆，是文字发展史上的重要部分。石鼓文是目前发现的我国最早的石刻文字，十分珍贵，被称为"中华第一古物"。

石鼓

六国古文

六国古文又叫"东方六国文字"，是战国时代除秦以外，齐国、楚国、燕国、韩国、赵国、魏国等六个国家文字的合称。

战国时代，中华大地上出现了许多不同的小国家，各个小国家之间为了争夺权力和地盘天天打仗，各国自己管自己，使用的语言和文字都不一样。当时的老百姓会写字的越来越多，写错的也越来越多，以致本来就多样的文字变得更加复杂，由此便出现了省变字、讹变字、异体字等多种字形。比如"羊"这种常见字就有20多种写法，"宝"字的写法有194种，"寿"字的写法也有100种以上。

这样一来，交流就变得很不方便了，比如你辛辛苦苦养了几十只羊，希望拿出去卖，但是很有可能你才走出去100公里，那里的人们就听不懂你说的话，也看不懂你写的字，根本不知道你想干吗。

六国古文有写在竹简上的，

也有写在丝帛上的，还有铸在钱币、青铜器上的，以及刻在印章、陶器上的。

汉武帝时，鲁恭王刘余想要拆了孔子故居来扩大自己的宫苑，结果刚开始拆墙壁的时候，就在墙壁中发现了《尚书》《礼记》《论语》等书，都是用古文写的，这些字被收集在了《说文解字》中。

三国时候，魏国曹芳命人在石头上刻下《尚书》《春秋》，

是用古文、小篆、隶书三种文字对照着写就的，真是太贴心了。这种创意使得这套石经成为文字发展史上重要的宝贝，也被后人称为"三体石经"。

被拆迁的孔宅

孔子故居墙壁中的书有可能是秦始皇焚书时被孔氏后人藏起来的，这一藏，保留住了大量珍贵文化成果。

后来，鲁恭王知道了墙中藏书的事，便想来亲自看看，他一走进来，便听到了鼓琴钟磬（qìng）齐奏的声音。鲁恭王害怕了，不敢再接着拆房子，孔子故居才在当时保存了下来。

听说你卖羊？

小篆

秦始皇是中国历史上第一个皇帝，他先后灭掉了六个国家，统一了中原。他是个很勤奋的皇帝，每天要处理大量公文。可是很多地方官员递交上来的奏折跟火星文差不多，自己根本看不懂。好不容易下道圣旨呢，人家又说：对不起，我不能执行，因为我看不懂你写的是啥。为了方便管理，秦始皇提出了"书同文"的构想，也就是把全国的文字和书体全部统一，他把这个任务交给了大丞相李斯。

李斯不光是个政治家，也是非常了不起的文学家和书法家，他接到任务以后，在秦国大篆文字的基础上进行简化，就像秦国统一中原一样，统一了汉字的书写形式，创制了小篆。这种字体的特点是均匀齐整，相比之前的文字更容易书写。

李斯创制小篆

隶书

《说文解字》中记载了隶书的形成过程："是时秦烧灭经书，涤除旧典，大发吏卒，兴役戍，官狱职务繁，初有隶书，以趣约易，而古文由此绝矣。"意思是说秦朝法制严苛，各地的监狱、管理劳工的地方工作量非常大，掌职官狱的官员为了办公方便，简化了篆书，形成了最初的秦隶。

隶有说是狱隶的意思，也可以解释为"从属"，也就是说秦朝的官方文字是小篆，秦隶是非官方的辅助文字。

还有说秦隶是程邈（miǎo）创制的。程邈本是狱官，后来犯了错被关进牢里，因狱中时光难熬，便着手改进文字，形成体系后进献给秦始皇。隶书比小篆更方便书写，得到了秦始皇的欣赏，程邈也被放了出来，还提了职。

到了汉朝，长期的稳定局面促进了文化发展，书写也从简单实用性转向艺术性，飘逸灵动的隶书在字形上产生了变化，并受到广泛推崇和普及，被称为"汉隶"。

汉隶夸张了捺笔波磔（磔音 zhé，波是左撇，磔是右捺），成为笔势、结构与小篆完全不同的两种字体，不再有圆转的图画元素，更具文字特点，转折分明。汉隶是汉朝的主要书写字体，也是古文字与今文字的分水岭，它打破了六书的传统，奠定了楷书的基础。

◎ 张丞相好草书

张丞相写草书

张丞相素好草书而不工。当时流辈皆讥笑之，丞相自若也。一日得句，索笔疾书，满纸龙蛇飞动，使侄录之。当波险处，侄惘（wǎng）然而止，执所书问曰："此何字也？"丞相熟视久之，亦不自识，诟（gòu）其侄曰："汝胡不早问？致予忘之！"

——【宋】释惠洪《冷斋夜话》

张丞相一直喜欢草书，但他却不怎么下功夫，同样爱好草书的人都笑话他，张丞相不以为意。有一天他突然得了好句子，提起笔来就写，满纸的字就像龙蛇飞动。侄子为他抄录，抄到字迹奇怪的地方，侄子也不明白，只得停下去问他："这是什么字啊？"张丞相看了半天，自己也不认识，批评他的侄子："你咋不早点儿问？现在我也忘了啊！"

这个故事里的张丞相荒唐得有趣，也说明很多人跟风写草书，但却不明白草书的章法和规则，实在是瞎写一气。

甲骨文	金文	篆文	隶书	草书	楷书	行书	各种书体对比
日	日	日	日	日	日	日	
車	車	車	車	車	車	車	
馬	馬	馬	馬	馬	馬	馬	

草书

草书出现在汉代，被认为是与隶书同时出现的字体。草书分"章草"和"今草"，今草是从章草发展而来的。

唐朝书法家张怀瓘（guàn）在《书断》中说："案章草者，汉黄门令史游所作也；章草即隶书之捷，草亦章草之捷也；史游，即章草之祖也；章草之书，字字区别。张芝变为今草……"这里认为史游创制了章草，工整地写字就是隶书，快点儿写就是草书。而张芝则

从章草发展出了今草，被誉为"草圣"。章草虽是草书，但仍然字字分明，而今草的字与字之间有连缀，潇洒飘逸，更加方便书写。后世的人们更多地书写今草。

楷书

楷书初创

波磔是汉隶的主要书写形态，康有为说："汉末波磔纵肆极矣。"隶书虽比小篆简便得多，但波磔写法特别需要功

力，一定比较费时。比如你要写一篇500字的作文，一笔一画还要有波磔，那就会需要很久。所以，人们又在书写过程中继续对汉字结构及写法进行简化，于是楷书就在汉末出现了。

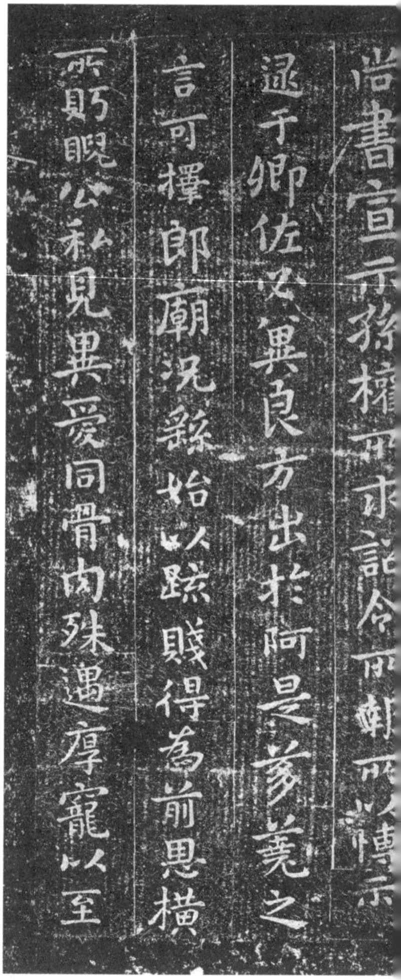

楷圣

钟繇（yáo）是三国时期著名的书法家，篆书、隶书、草书他都擅长。钟繇在隶书的基础上，调整形态，简化波磔，初创了楷书，被后人称为"楷圣"。

魏碑

楷体从汉末出现，历经魏、晋、南北朝时期的过渡和演化，并不是"啪"的一下就从隶书变为楷书的，这个阶段的过渡形态体现在很多刻石作品中，也被称为"魏碑"。

钟繇《宣示表》局部 据王羲之临本摹刻

魏碑《元珽妻穆玉容墓志》局部

唐楷

现在我们看到的发展成熟的楷书是唐楷，唐朝社会稳定、文化繁荣，不但涌现了大量诗人、散文家，也涌现了大批书法家。唐楷因人而异，或大气端方，或飘逸隽（jùn）秀，对后世影响深远。现在的小朋友练大字，多是从唐楷入手，来奠定学习书法的基础。

楷模之书

楷体端正，《辞海》中说它"形体方正，笔画平直，可作楷模"，"楷"便有楷模的意思。同时，楷体也叫真书、正书，可见这种字体在人们心中的地位。

唐楷《多宝塔碑》局部 唐颜真卿

唐楷《九成宫醴泉铭》局部 唐欧阳询

注：醴，音lǐ，这里指甘甜的泉水。

⊛ 行书

行书鼻祖

张怀瓘在《书断》中说："行书者，乃后汉颍（yíng）川刘德升所造，即正书之小讹（é），务从简易，故谓之行书。"这段话指明了东汉末年著名书法家刘德升草创了行书，被后世称为"行书鼻祖"。

张怀瓘对刘德升的行书书法评价道："虽以草创，亦甚妍美，风流婉约，独步当时。"意思是说尽管刘德升的书法刚刚创造出来，但是字迹已经非常漂亮，极尽美丽又不张扬。刘德升的行书更接近隶书的手写体，在当时独树一帜。直到晋朝王羲之那个时候，行书才得以发扬光大。

行书特点

行书用笔灵活，节奏感强，书写最为简便流畅，是典型的手写体。行书的下笔、收笔、转折往往顺着笔势而为，书写自由，活泼多变，既不像草书那样不好认（连张丞相自己都不认得），又比隶书、楷书写起来更快捷。

兰亭雅集

王羲之的家族在晋朝很牛，是世家名门，王羲之也是当时受了良好教育又衣食无忧的士人的代表。

永和九年（公元 353 年）的三月初三上巳节那一天，王羲之和另外许多士人、贵族共 42 人一起在会稽郡兰亭开派对，他们按风俗修禊（xì）——一种水边的祭礼，然后玩了一个很古老的酒桌游戏——曲水流觞（shāng）。大家沿水边坐好，上游放下酒杯浮在水中，顺流而下，酒杯停在谁的面前，谁就饮酒。士人们好酒，这个游戏让大家开怀畅饮，诗兴大发，创作了好多诗篇，结成《兰亭集》。

天下第一行书

东道主王羲之特别高兴，在酒过三巡之后，挥毫写下《兰亭集序》，记录这次高级派对。《兰亭集序》笔法变化多样、千姿百态，同样一个字，写法还不一样，让人叹为观止。就连王羲之第二天酒醒后再次提笔，也无法写出当时的神韵了。

《兰亭集序》在中国书法史上获得极高赞誉，被誉为"天下第一行书"。

"天下第一行书"《兰亭集序》

兰亭盛会

《兰亭集序》的下落

唐太宗李世民特别喜欢王羲之的书法，"详察古今，研精求篆，尽善尽美，其惟王逸少乎！"就是说古今书法最好的就数王羲之了。唐太宗费了好大力气终于得到了《兰亭集序》，并下令将其作为陪葬品带入了坟墓。所以现在人们能看到的《兰亭集序》都只是后世书法家摹写的。

汉字探秘

汉字传承至今，很多字义发生了改变。举个例子：古人把跑叫作走，成语"奔走相告"，意思是奔跑着互相告知，表示心情迫切；但是现代人按照字面意思来理解，就会认为是一边走着一边告知，没那么着急了。

像这样的例子还有很多，了解这些汉字知识也非常有意思，现在我们就来探寻一下，一些熟悉的汉字原本是什么样子，原来是什么意思，读音是否发生了变化。

进行汉字探秘的好处是，我们可以更好地理解和记忆这些汉字，还能培养科学学习汉字的习惯，便于以后透彻理解更多的汉字。

页者头也

🌀 在偏旁里回归自我的"页"

观看"页"的甲骨文，是一个有着巨大头部的人，所以，"页"其实是人头的意思，原本读 xié，而书"页"的"页"本来是"葉（yè，简化字为叶）"。后来人们写"葉"的时候，使用了"页"字，叫作"假借"，"页"原本的读音也就发生了变化，成了 yè。慢慢地，"页"本来的意思消亡了，只保留了假借的意思。

不过，我们还能从现代汉语里看到"页"字本来意思的痕迹，如跟头有关的"颈""项""颊""颔""额"等，都是"页"字作偏旁的。

页	甲骨文	金文	篆文	隶书
页	𦣻	𦣻	頁	頁

"斤"本来是实在的东西

"斤"最早也是一种斧头，"斫（zhuó）木之斧，则谓之斤"。斤是铁造的，有一定的重量要求，后来就演变为重量单位了。《现代汉语词典》里至今仍保留着"斤"的原意，是"古时砍伐树木的工具"。同样的，"我"这个第一人称代词表示"自己"，可是在甲骨文和金文里，分明是一种兵器。《说文解字》说它是"古杀字"，本义就是武器。人们使用第一人称代词时，在秦汉时期还是"吾""余""予"，到了汉唐时期，才开始用"我"，至于"我"的本来意思早已经不用了。

是来是"去"要分明

"去学校""去电影院""去游乐场"……现在我们说去哪里，就是要到那个地方去。在最早的时候，"去"可不是这个意思，而且正好相反。《诗经·魏风·硕鼠》里有："逝将去女（rǔ），适彼乐土。"这里的"去"就当离开讲，说成白话就是：发誓将离开你，去那美好的地方。

离开的意思引申开去，就有了距离的内涵。《孟子·离娄上》："地之相去也，千有余里。"这里的"去"就表示二者之间的距离，也就是成语"相去甚远"中"去"的意思。

斤	甲骨文	金文	篆文	隶书
	𠂆	斤	斤	斤

我	甲骨文	金文	篆文	隶书
	𢦏	我	我	我

去	甲骨文	金文	篆文	隶书
	去	去	去	去

◎ "考"原来是爸爸

"考""老""孝"三个字的字形很像，原来的意思也很像。"老"和"考"本来是一个字，形态是一个人，手里拿着一根木杖，后来这两个字义才分开。"孝"非常好联想，就是一个老人手里抚着一个孩子。这么看来，"考"字是老爸的意思

就很好理解了：老爸手里拿着一根木杖，调皮捣蛋小心他打你啊！成语"如丧考妣（bǐ）"中，考就是指爸爸，妣则是指妈妈。

考试的"考"原本不是这样写的，而是写成"攷"，是敲的意思。古人制陶器，烧好后总要敲敲，验验质量，"攷"便由此成了检验、检查的意思。后来人们借用"考"来代替这个字，"考"就从严格的爸爸，变成严格的考试了。

	甲骨文	金文	篆文	隶书
考				

	甲骨文	金文	篆文	隶书
老				

	金文	篆文	隶书
孝			

🌀 十年树木是什么"树"

学校里贴着大标语："十年树木，百年树人。"十年的树有什么稀罕，"树人"难道是卡通人物吗？

"树"最早是个动词，表示种植、栽培，引申为培养、建立。《孟子·梁惠王上》中有："五亩之宅，树之以桑。"这里的"树"就是种植。

"树木"这个词现在就当树讲，而在古时候是栽树的意

考考你

思，有个动词在里面。"十年树木"标语的出处是《管子·权修》："十年之计，莫如树木；终身之计，莫如树人。"意思是说培养一棵树成材要十年那么久，而培养一个人才则要终身的努力。

六有建树

	金文	篆文	隶书
树			

	甲骨文	金文	篆文	隶书
文				

☁ "文"字原本是文身

《说文解字》中解释"文"字从玄从爻（yáo），由八卦所生，说得很玄。

"文"在上古的时候应该就是线条组成的纹理，所以由线条组成的书写符号就是"文"，引申开去才有"文化""文学""文明"这样的词。

"文"在上古的时候还有文身的意思。从很多甲骨文中可以看出，"文"字像一个人站在那里，胸前有明显的花纹；发展到小篆，这个字被简化，"文"还那样站着，但胸前的花纹消失了。

远古的人们认为某种动物或自然物与自己部落的血脉有关，他们将这种事物的图案绘制在部落周围，以及建筑、装饰物上，同时也会通过文身的方式绘在自己身上。这种行为体现了远古的人们对神明和祖先的崇拜，同时人们也期待在遇到危险时得到保护。很多书中都记载了古人的这种文身行为。

"文"字被借用到文字的意义之后，线条、花纹的意思便淡化了，人们就又给"文"加了"纟"旁，组成新的"纹"字，来表示花纹、纹样的意思。

有文化

"它"字原意竟是蛇

"它"字最早是蛇的意思。在甲骨文里，"它"字就像是一条头尖身长的爬行动物；发展到小篆，我们仿佛能看到一条正待攻击的毒蛇的样子，十分形象。上古时期，人们住的条件非常艰苦，要么住在山洞里，要么住在草丛里，非常容易被蛇咬到，所以那时候人们见面打招呼时不像现在一样问："吃了吗？"而是问："无它乎？"意思就是——有没有蛇？

后来，人们用"它"代指人类以外的所有事物，给"它"加上虫字旁，就变成了今天的"蛇"字。

有它！有它！

	甲骨文	金文	篆文	隶书
它				

	甲骨文	金文	篆文	隶书
止				

"止"的作用大得很

"止"最早指脚趾，也用来表示脚，引申之后有止步、停止的意思。后来人们给"止"加上足字旁，专门表示脚趾，"止"就仅仅作为停止的意思使用了，比如"止步不前"。

"企"字是"人"下面有个"止"，是说一个人踮起脚来张望，引申为展望、期待。"企望""企划""企盼"都是这个意思。有趣的是，企鹅的"企"仍然是踮脚站立的原意，一只站立的鹅——哈哈，好形象。

我乃站鹅

"恙"，问候里常说

与朋友许久不见，人们会说："别来无恙乎？"在这里，"恙"是疾病、麻烦的意思；别来无恙，就是问朋友是否一切安好。

《说文解字》是这样解释"恙"的："噬蛊，善食人心。""噬"是会咬人，"蛊"是虫。古人传言，将上百只虫放在一个碗里，让它们互相吃掉，剩下的最后一只虫焙干碾碎后可以用来下毒。"恙"是噬蛊的意思，那可就是一种非常危险的毒虫了。

古时候医疗条件不好，被毒虫咬到的人可能会丢掉

性命，所以"恙"对人们有极大的威胁。因此，人们见面时常常用"无恙乎"表示问候，后来"恙"逐渐泛指一切忧患、疾病、灾难。

恙	甲骨文	篆文
	𠂤	恙

"臭"字原来有香味

看"臭"字甲骨文的写法，下面是一条狗，上方是一个特殊放大的大鼻子。那时的人们已经知道狗的鼻子特别灵，就用这个字来表示辨别气味这种行为，就是"嗅"，也就是现在的"闻"的意思，是个动词。后来用它来代指一切气味，不管香的臭的，都叫"臭"。《易经》里有一句话叫"其臭如兰"，说的是某种香味跟兰花一样。兰花当然是香的。

随着时间的推移，"臭"字的含义逐渐缩小，到后来已经单指不好的气味，"臭味相投"本来指人们的思想、兴趣、爱好相同，现在也跟着成了贬义词，大概它自己也觉得很冤枉吧！

	甲骨文	篆文	隶书
臭	𤉡	臭	臭

好臭

"国"中原来无宝？

"国"字现在看起来是四面城墙围起一个大大的宝玉，好像藏着宝物的地方就是国。其实最早的"国"字不是这样的。

"国"的繁体是"國"，"口"是国君住的都城，用"戈"这种兵器保护起来，南面还有"一"式的护城河，外面再画好国界。

先秦的时候，"国"指的是诸侯的封地，所以遍地都是国。同时，"国"也专指都城，《左传·郑伯克段于鄢（yān）》："先王之制，大都不过参国之一。""参国之一"指的是国都的三分之一大小。后来到了太平天国时候，造出了一个"国"字，中间是个"王"，就有了政权的意思。现在的简化字"国"中间是个"玉"，区别了太平天国的"国"。

太平天国钱币

国	甲骨文	金文
	篆文	隶书

🌀 大"风"起兮原来是只鸟

许慎在《说文解字》中解释"风",介绍了八种风,八个方向的风都有名字,然后简简单单地说"风"从虫,是因为暖风吹来,野外的虫子开始活动。

很多学者并不这样认为,尤其是甲骨文发现以后,语言学家们得出了不同的结论。最好玩的当属流沙河先生的"风""凤"本为一字说。他认为:风无体无形,无法象形,雨、云、雷、电都有样子可仿,就风没有。所以"风"字起源于神话。大风起兮,树动人摇,人们觉得太可怕了,什么都没看见呢,就有这么大的影响,一定是天空中有神鸟飞过。神鸟叫什么?凤!所以人们先造了"凤"字,

用来表示风。"凤"的甲骨文中羽毛、脚爪分明,篆文中更是从凡从鸟,十分华丽。甲骨文卜辞中有"其遘(gòu)大凤",意思是"能不能刮大风啊",而不是"出门能不能遇到凤凰"的意思。待到"风"造出来后,"凤"才专门指神鸟凤凰。

风	篆文	隶书	
风	𩗗	風	風

凤	甲骨文	金文	篆文	隶书
凤			鳳	鳳

专心书写

字不是"写"出来的

古代写字可不说"写"，那时说"书"；"书"也不是现在的书本，而是写。例如，奋笔疾书、罄竹难书中的"书"都是"写"的意思。

书字的繁体是"書"，从"聿（yù）"，"聿"字的甲骨文是一只手拿着毛笔的样子——对的，从那么早的时候，人们就开始用毛笔写字了——所以"笔"的繁体字写作"筆"，有竹子的材质和书写的功能。笔在美丽的吴国还有个称呼，叫"不律"，还是与"聿"分不开。

	甲骨文	金文	篆文	隶书
书				

	篆文	隶书
笔		

	篆文	隶书
写		

"书"最早是著述的意思，也就是书写。而"写"是放置的意思，又可以借去当"泻"讲。后人在《诗经》里说："驾言出游，以写我忧。"意思是驾着马车出游，借此排解我内心的忧愁。这时的"写"已经有了抒发、倾吐的内涵了。

"写"还当铸刻、描绘讲。《史记·秦始皇本纪》中有："秦每破诸侯，写放其宫室，作之咸阳北阪（bǎn）上。"秦国每攻破一个诸侯国，就会绘画出那个国家的宫室图，在咸阳北向的山坡上再建一个。这里的"写"就是描绘的意思。

简化的汉字

从"甲金篆隶草楷行"的演变趋势看得出来，简化是汉字演变史上最重要的发展规律之一。文字的最大功能是传播文化，简化汉字可以让更多的人学会读书写字，也就对文化传播更有利。

我们把汉字的发展史简单归纳为三次转折：第一次是秦朝建立后的统一文字；第二次是隶书的产生，使汉字更具有文字形态，更方便书写；第三次是 20 世纪五六十年代，汉字从繁体字简化为简体字。

从甲骨文、金文演化到小篆的汉字，一定程度上还有象形的意味，比如"鸟"仍然可以看到羽毛和脚爪，比如"亦"是腋下的意思，能清楚地看到一个人双手张开，两腋处各有一个指示的点，仿佛在说："看这里，看这里！"篆文基本保留了甲骨文、金文的样子，而隶书则分出了笔画，更具有现代文字的横平竖直特征，图形的意味基本消失了。

	甲骨文	金文	篆文	隶书
鸟				

	甲骨文	金文	篆文	隶书
亦				

繁体字与简体字

古代人写的字就是传统汉字，也叫繁体字，我们追本溯源，破解文字之谜，都是在给繁体字断案。

为了普及文化，让更多的人学会写字、读书，我国于20世纪五六十年代开展了汉字简化工程，使笔画繁多的传统汉字简化成了今天在中国大陆广泛使用的简化字，也就是国家倡导的规范汉字。

下面我们介绍一些汉字简化的方法，小朋友可以通过了解这些方法，摸清繁体字和简体字之间的联系，更好地认清汉字原本和现在的模样，以便深入了解汉字。

方法一：

同音或异音代替

用写法简单、读音相同或相近的字代替写法复杂的繁体字，使笔画变得更少，又能够保持原来的读音。

比如，表示方位的"後面"的"後"和"皇后"的"后"，本来是两个不相干的字，它们读音相同，人们便用"后"替代了"後"。

还比如"丑"字，本来只指地支名，就是丑牛那个"丑"，后来人们用它来替代了"醜"（难看、丑恶）。

异音代替的比如，"几（jǐ）"代替"幾（jǐ）"，"卜（bǔ）"代替"蔔（bo）"。

	金文	篆文	隶书
后	后	后	后

	甲骨文	金文	篆文	隶书
後				後

方法二：

草书楷化

草书笔势流畅，在写的时候通常会减笔，那么一些用草书写出的字就成了简化字。

比如，車—车，書—书，長—长。

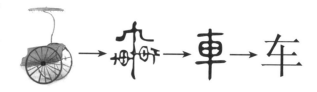

方法三：

换用简单符号

　　繁体字有些部首特别复杂，人们干脆就用简单的写法来代替它。这种做法不是从 20 世纪五六十年代开始的，而是人们自古就在用，大概是实在觉得麻烦，发自内心地想改得简单些，便创造了许多俗体字。比如早在 1500 多年前的北魏，"亂"字就简化成了"乱"。

鸡	甲骨文	篆文	隶书

　　再比如，鷄—鸡，戲—戏，漢—汉，麻烦的部分都是声旁，但人们还是都用"又"来替换了。

方法四：

保留局部特征

　　把繁体字笔画复杂的部分去掉，只留下表示这个字的一小部分，使字变得简单。

　　比如，飛—飞，奪—夺，聲—声。

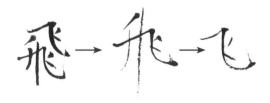

飞	篆文	隶书

甲骨文	金文	篆文	隶书
马	𢒉	𢒉	馬

方法五：

类推简化

简化了一些单字之后，就可以把含有这个单字作为偏旁部首的其他字进行类推简化，就好像是一个批量生产的过程。

比如"車"字因草书简化为"车"，那么以车字为偏旁的辆、辙、辅、轨、轴、轰等字，都能一起简化了；再比如"馬"简化为"马"，骡、驻、驴、驹（jū，年轻强壮的马）、骝（liú，长着黑鬃毛、黑尾巴的红马）、骠（读 biāo，也读 piào）、骑、骒（kè，雌马）、驷（sì，拉一辆车的四匹马）、验等同样"一键生成"，这真是高效率地得到大批简化字的好方法啊！

今天的繁体字

简体字让写字速度大大提高，认字也变得容易了；但繁体字中保留了传承几千年的文化内涵和汉字的演变史，我们在学习汉字的时候，不妨多了解一些相关的文化知识，而不仅仅是把汉字当成一种符号来学。

奔马之形

六书与汉字结构

古代中国人将汉字的造字方法归纳为六种，称为"六书"——指事、象形、会意、形声、转注、假借。

东汉许慎在《说文解字》中对六书进行了解释，他的说法成为后人了解六书的依据。

实际上，汉字的产生是劳动人民慢慢积累、创造的，并不是先订下六种条例规则，再按章法炮（páo）制的。也就是说，将六书视为汉字的造字方法不妥，应该说是后人总结了六种汉字形态结构和使用方法的规律。

指事字
——上下本末加一笔

指事者，视而可识，察而见意，上下是也。

——许慎《说文解字》

指事字有点儿像现在路边的交通标志，画个叹号是告诉人们注意安全，画辆小汽车再加个斜杠是禁止机动车驶入，画个箭头是让人们按方向行驶。指事字也是这样，用记号来指出事物特点。

许慎举了两个例子——"上""下"。一条线上面画一短横就是"上"，一条线下面画一短横就是"下"。"上""下"最早没有竖，与"二"长得很像，只是"二"字在最早的时候是一般长的两横。

除"上""下"之外，"本""末"也是典型的指事字。

一棵树，树根上加一点儿，好像在说："你看这里，这里是重点！"哦，人们就明白这个字是"本"，指树根，也就是"根本"了。再说"末"，就是在树梢上画一点儿，意思便是"末梢"的"末"。

上	甲骨文	金文	篆文	隶书
	二 二	二 上	丄 丄	上

本	金文	篆文	隶书
	木	木	本

下	甲骨文	金文	篆文	隶书
	二 二	二 丅	丅 丅	下

末	金文	篆文	隶书
	木	末	末

◎ 象形字——日月山川与动物

象形者，画成其物，随体诘诎（jiéqū，曲折），日月是也。

——许慎《说文解字》

无论从仓颉造字的故事来看，还是从甲骨文来看，象形字很可能是最早的汉字。象形字就是古人发挥美术才能，用简笔画画出事物，比如"日""月"，除此之外还有"鸟""鹿""鱼""犬""羊"，等等。

犬	甲骨文	金文	篆文	隶书
				犬

羊	甲骨文	金文	篆文	隶书
				羊

鹿	甲骨文	金文	篆文	隶书
				鹿

鱼	甲骨文	金文	篆文	隶书
				鱼

会意字—— 1+1=1

会意者，比类合谊，以见指㧑（huī，指挥），武信是也。

——许慎《说文解字》

像玩积木一样，把两个或两个以上的象形字或指事字组合在一起成为一个新的字，这就是会意字。

重点：

1. 必须是两个及两个以上的独体字拼在一起。

2. 形成一个全新的字。

比如"步"，是两只脚一前一后组成的，意思是"走"；放牧的"牧"是一边有头牛，另一边一只手里拿根棍子正在赶牛；"逐"是一只脚在一头猪后面，表示追赶的意思；"泪"是"目"边有"水"；"休"是一个人靠着一棵树，"休息，休息一会儿"。

许慎举了两个例子，一个是"武"，一个是"信"。

	甲骨文
步	

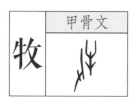

	甲骨文
牧	

	甲骨文
逐	

泪目

"武"由"止""戈"二字组成，楚庄王曰："夫武，定功戢（jí）兵，故止戈为武。"意思是武力是用来确定战功、止息战争、维护和平的。

"信"由"人""言"二字组成。人言而有信，所以"信"又有真实、诚信的意思。《说文解字》中说："信，诚也。"《老子》中又说："信言不美，美言不信。"真实的话语往往不好听，而好听的话语又很可能不真实。

形声字的结构

形声字中以左形右声居多，也有其他结构的。

左形右声——睡、吃、棋、描

左声右形——攻、胡、朗、邵

上形下声——空、茗、箕、雹

上声下形——盆、基、怒、悬

外形内声——国、衷、固、阁

外声内形——闷、闻、辩、哀

睡觉休息

形声字
——秀才识字认半边

形声者，以事为名，取譬（pì）
相成，江河是也。

——许慎《说文解字》

形声字是由形符（意符）和声
符两个部分组成的，好像是拼图，拼对了就是一个新的图画。形声
字的形符表意，声符发音。汉字中百分之八九十都是形声字。

许慎举的"江""河"是典型的例字。可小朋友们会问了，"工""可"
与"江""河"的读音并不相同啊。这是因为文字在几千年时间里，
在跨地域传播后，读音发生了许多改变，完全一模一样的声符与字音
只占其中一部分。

"物"是形声字，从牛，勿声，意思是杂色牛。

"里"也是形声字，或者说曾经是形声字。"里"的繁体是"裏"，
从衣，里声，与表（裠）相对。

"魑（chī）魅（mèi）魍（wǎng）魉（liǎng）"是古代传说中的
各种鬼怪，这四个字都是典型的形声字，"鬼"是意符，四个不一
样的"离""未""罔""两"是声符。有一种没有角的龙叫"螭（chī）"，

与"魑"的声旁相同。

指事、象形、会意、形声
是"六书"中四种对汉字形体结构的
分析认证，很清楚明白。不过一些字到
底归属于哪类也有争议，比如"飞"字，
许慎认为是象形，王筠（筠音 yún，清朝道光年间人，语
言学家）则认为是指事。小朋友也可以当一当文字侦探，
提出你们自己的观点。

鬼鬼鬼鬼

"六书"中还有假借、转注两类，文字学家认为这其实是汉字的两种使用方法。

◎ 假借字——借来一字有大用

假借者，本无其字，依声托事，令长是也。

——许慎《说文解字》

汉字越来越复杂，需要表达的意义也越来越多，之前人们关心今儿晚上吃啥，后来的人们可能就要看花、看雪、看月亮。字不够用了，人们来不及造新的，就用一个本来有的字代替一下。比如"难"，繁体写作"難",是一种鸟,人们借用作难易的"难";还比如"权",繁体字是"權",从木,是一种树,人们借用作权力的"权"。渐渐地,用习惯了,这个字就变成借用的那个意思,本义反倒很少有人知道了。

《说文解字》里,许慎举例"令""长"二字为假借字,语言专家认为这是不准确的。

还有更多的假借字:

"然"字的金文和篆书都能看到下面有明显的"火"字,表示烧烤、燃烧,后来人们借用去表示肯定的意思,就有了"诚然""不然"这样的词。"然"失去了本义,人们又新造了一个带火字旁的"燃"表示燃烧。

"何"字最早的字形是一

个人扛着戈,有"负荷"的意思,后来借用去表示疑问了;负荷这个意思再出现的时候,人们又借来了一个"荷花"的"荷",过程真是曲折。

难	篆文	隶书
	難	難

权	篆文	隶书
	權	權

然	金文	篆文	隶书
	然	然	然

何	甲骨文	金文	篆文	隶书
	何	何	何	何

荷	篆文	隶书
	荷	荷

🌀 转注字—— 一笔糊涂账

转注者，建类一首，同意相受，考老是也。

——许慎《说文解字》

语言学家们对转注的内涵众说纷纭，至今也没有确切的结论。有的说同一部首的都是转注，借用相同的意符来互相解释；有的说转注就是互训——意义相同的字，你是我的解释，我也是你的解释。我国古代第一本词典《尔雅》里有："宫谓之室，室谓之宫。"宫和室就是转注。许慎举的例子"考"和"老"：考，老也；老，考也。

简单说来，假借字是用同音的字来代替，转注字就是用同义或近义的字来代替。

汉字的书写规则

汉字又叫"方块字"，这种形体端正的方块字体带来的一个好处就是非常容易排列。既可以横排，也可以竖排；既可以从左向右，也可以从右向左。每一个汉字就像一个小小的方砖，哪里需要就往哪里搬！

古代汉字竖着写

古装电视剧里常常可以看到古人写信或者看书的情景：如果是春秋战国，主人公一般拿着竹简，有钱一点儿的就能用白色丝帛；到了汉代发明造纸术以后，就出

现了纸张。但无一例外的是，上面的文字都是竖着书写的。

在我国古代，正规的书写方式是竖书成行，从右上开始，自上而下书写满一行后，再从右向左换行。

像如今这样从左上至右下横向书写的规则，是从 20 世纪五六十年代开始的。

对联

对联历史悠久，是深入百姓家庭的文化产物。过春节前我们要帮着家人贴对联，小朋友可不要贴错了呀：对联有竖向贴的两条，以右侧的为上联，是第一句；左侧的是下联，是第二句。对联讲究对仗和平仄，字数相同，结构相同，非常工整。

古人书写汉字也有横向书写的，最典型的就是对联上面的横批，因为那条横批只有一行，所以要从右往左写。

汉字的注音方式

提到汉字的注音方式，很多人会觉得奇怪——不就是拼音吗？事实上，拼音在 1958 年才第一次进入小学生课本，是一种很年轻的注音方式。在之前悠久的几千年里，聪明的中国人创造了许多给汉字注音的方法。

直音法

直音法是用相同的发音给字注音。比如"姜，音江"，就是"姜"和"江"同音的意思。

不过，直音法也有很大的问题，就是一些少见的字没有同音字，或者同音字比这个字更少见。比如"西，音栖"，人们可能连"栖"都念不准，怎么会认得"西"呢？

鸡鸡复鸡鸡？

读若法

若是相似的意思，读若法，就是用读音相似的另一个字给这个字注音。

比如"鼾"读音像"汗"，就标注成"鼾读若汗"，用"汗"来给"鼾"注音。同理，"哙（kuài）读若快"，就是用"快"这个字来给"哙"注音。

读若法非常简便，但不精确，因为"读起来像什么"这种说法本来就很不严谨。

反切法

反切法是古人使用最多的注音方法之一，也是比较实用、科学的方法。反切法用两个汉字给一个汉字注音，前面的取声母，后面的取韵母和声调，比如："燕"，于甸切，取"于"的声母y，"甸"的韵母an，声调四声，就可以读出燕，y-an，yàn。再比如"制"，征例切，"征"的声母是zh，"例"的韵母是i，四声，那么"制"就是zh-i，zhì。"毛"，莫袍切，"莫"的声母是m，"袍"的韵母是ao，二声，"毛"的读音就是m-ao，máo。

现在查《康熙字典》，许多字的读音用反切法读出来，也与现在的不同，那是因为汉字发展到今天发生了很多变化，读音自然有许多不同之处。有

兴趣的小朋友可以试着用《康熙字典》查一查，那样就能知道一些字在古时候的读音，也很有意思。

叶音法

到底该读啥？

叶（xié）音法是一种为了押韵而临时改变读音的注音方法，叶音就是谐音。《康熙字典》里对一个字的解释里有叶音什么什么，就是这种注音方式。比如"筹"字，叶音除，就是本来读"chóu"，为了押韵可以读"chú"。这种方式受到了语言学家的批评，被认为很不科学。

汉语拼音

20 世纪 50 年代，汉语拼音诞生，成为现在人们从小学开始就要学习并熟练掌握的知识。汉语拼音采用拉丁字母，简单好记，使用方便，拉丁字母又在国际上通用，一些基本发音是很相像的，中国人学会了拉丁字母，对国际交流也有一定的帮助。

小学生从一年级入学开始，要用将近一年的时间反复巩固拼音学习，在这之后，识字就变得容易多啦。

汉语拼音精准、简单，是我国汉字注音方法的重大飞跃，也是汉字与世界文化紧密相连、开放多元的重要体现。

好好 xué 习 天天向上

中国汉字

字母表

大写:	A	B	C	D	E	F	G
小写:	a	b	c	d	e	f	g
	H	I	J	K	L	M	N
	h	i	j	k	l	m	n
	O	P	Q	R	S	T	
	o	p	q	r	s	t	
	U	V	W	X	Y	Z	
	u	ü	w	x	y	z	

V 只用来拼写外来语、少数民族语言和方言。
字母的手写体依照拉丁字母的一般书写习惯。

敬惜字纸

明朝人陈继儒曾说："风雷雨露，天之灵；山川民物，地之灵；语言文字，人之灵。"风、雷、雨、露，气象万变，这是天的灵性；山川、子民和万物需要大地的滋养，这是地的灵性；而人的灵性则是能够驾驭语言文字。从这段文字中就可以看出古人对文字是多么的敬畏与尊崇。

◎ 敬惜字纸

古代有一个词语叫"敬惜字纸"，是说如果这张纸上写上了汉字，就不能被随意丢弃，也不能被拿来做别的事情。如果你想拿带字的纸包块烧饼，非得挨爸爸打不可。古人把字纸看成是圣人的化身，纸写上字就变成了书，看书就相当于跨越千年亲自聆听圣人教诲，把手放在书上，就好像跟圣人握了握手。"敬惜字纸"是我国古代文化传统中的一种美德，代表着古人敬重文化的思想。

字纸怎可包烧饼

◎ 神奇的传说

　　明朝小说中记载，宋朝宰相王曾的父亲年轻时非常爱惜字纸，见地上有遗弃的就捡起焚烧，就算是已经弄脏了的，他也会用水洗净，再晒干烧掉。这一天，他的妻子马上就要生孩子了，突然梦到孔圣人托梦说："因为你家爱惜字纸，非常有功劳，所以我派遣我的弟子曾参托生（古人迷信的说法，认为人可以转世投胎，托生就是投胎到某家）到你家，让你家飞黄腾达。"后来他们的儿子王曾真的成为赫赫有名的大宰相。

惜纸也有圣人来

惜字宫的由来

惜字宫，就是爱惜字纸的地方。古人认为，如果能够做到敬惜字纸、焚化字纸，那么下辈子就会成为一个有文化的人，所以古代建造了惜字宫来专门焚烧废弃的字纸。也有传说是仓颉创造了汉字，所以后人建造了惜字宫，作为供奉仓颉的庙宇。很多地方还会建造惜字塔或惜字亭，用来烧掉废弃的字纸。

现在我国台湾省桃园地区就保留了这样的习俗，平时人们积攒下来的字纸都会小心地送到惜字亭焚烧，并且给仓颉的神位上香祈祷来表达敬意。每年仓颉的生日那天还会举办盛大的祭典，焚烧平时积累下来的字纸，然后把灰烬倒入木箱，由有文化的人抬到海边，恭送纸灰入海。

仓颉像前烧字纸

拾字纸也是一种职业

如果路上有遗落的字纸怎么办？古人有一个特殊行业专门回收、处理这些字纸，他们被称为"拾字纸的"。

拾字纸可不是收破烂——把字纸攒起来捆成捆送到废品收购站去——字纸拾起来后，要在头上恭敬地打个圈儿，再放进竹篓里，卖钱可不行，这些字纸要集中送到字纸炉里焚烧。

在古代，文人墨客们的书房和教室里面都会放有一个纸篓子，专门用来收集不用的草稿纸，由拾字纸的人统一放入惜字亭

拾字纸也是文化行业

中焚烧。鲁迅先生也写道："因为文字是特权者的东西，所以就有了尊严性，并且有了神秘性。中国的字，到现在还很尊严，我们在墙壁上就常看见挂着'敬惜字纸'的篓子。"可见，在中国，敬惜字纸，相沿既久。